www.ingramcontent.com/pod-product-compliance
Lightning Source LLC
LaVergne TN
LVHW010416070526
838199LV00064B/5318
9789358728781

ادب و فن میں فحش نگاری کا مسئلہ

محمد حسن عسکری

© Taemeer Publications LLC

Adab-o-Fun mein Fahsh-nigari ka masla
by: Muhammad Hasan Askari
Edition: February '2024
Publisher :
Taemeer Publications LLC (Michigan, USA / Hyderabad, India)

ISBN 978-93-5872-878-1

مصنف یا ناشر کی پیشگی اجازت کے بغیر اس کتاب کا کوئی بھی حصہ کسی بھی شکل میں بشمول ویب سائٹ پر اَپ لوڈنگ کے لیے استعمال نہ کیا جائے۔ نیز اس کتاب پر کسی بھی قسم کے تنازع کو نمٹانے کا اختیار صرف حیدر آباد (تلنگانہ) کی عدلیہ کو ہو گا۔

© تعمیر پبلی کیشنز

کتاب	:	**ادب و فن میں فحش نگاری کا مسئلہ**
مصنف	:	**محمد حسن عسکری**
پروف ریڈنگ / تدوین	:	اعجاز عبید
صنف	:	تنقید و تحقیق
ناشر	:	تعمیر پبلی کیشنز (حیدر آباد، انڈیا)
سالِ اشاعت	:	۲۰۲۴ء
صفحات	:	۴۴
سرورق ڈیزائن	:	تعمیر ویب ڈیزائن

فہرست

(۱)   ادب و فن میں فحش کا مسئلہ   6

(۲)   نئی شاعری   24

ادب و فن میں فحش کا مسئلہ

پچھلے مہینے اپنی باتوں کے سلسلے میں فراق صاحب نے چند اشعار لیے تھے جنھیں عام طور پر فحش سمجھا جاتا ہے اور بتایا تھا کہ وہ کیوں فحش نہیں ہیں۔ ہر بحث میں اور خصوصاً اس فحش نگاری کی بحث میں کلیے قائم کرنے اور مطلق اصولوں پر جھگڑنے سے کہیں بہتر یہ ہے کہ ٹھوس مثالیں لے کر ان کے حسن و قبح پر غور کیا جائے۔ اور سطح کے نیچے جا کر محض لغوی مطلب کے علاوہ انھیں معنی کی دوسری قسموں (ارادہ، مزاج، لہجہ وغیرہ) کی روشنی میں بھی دیکھا جائے۔ بحث کو صاف اور واضح کرنے کے علاوہ اس میں ایک عام تعلیمی اور تہذیبی فائدہ بھی ہے۔

لیکن میں اتنا خوش یقین نہیں کہ نئے ادب پر عریانی کا الزام لگانے والوں کو بھی اس مقصد سے متاثر ہوتا ہوا سمجھوں۔ جے۔ کے۔ دی ماں، فرانسیسی فطرت نگاروں میں سے ایک تھا اور بعضوں کے نزدیک ان میں سب سے ممتاز۔ اس کے ادبی اصولوں میں سے سماجی مقصد نہیں تھا بلکہ بدی کی رزمیہ لکھنا۔ اس کتاب "Against The Grant" کو، جو آسکر وائلڈ (Oscar Wilde) کے حلقہ میں پوجی جاتی تھی، شاید جنسی تخریبات کی انسائیکلوپیڈیا کہنا بجا ہوگا۔ لیکن آخر میں اس نے توبہ کر لی تھی اور اکثر بدی کی پرستش کرنے والے مصنفوں کی طرح رومن کیتھولک ہو گیا تھا۔ اسی زمانے میں اناتول فرانس (Anatole France) کے پاس پیغام بھیجا کہ بس اب بہت گندگی سے کھیل چکے، توبہ کرو اور سچے عیسائی بن جاؤ۔ اناتول فرانس نے بصد ادب جواب دیا، "مسیو دی ماں کو میرا

سلام پہنچانا اور کہنا میسو فرانس انھیں صلاح دیتے ہیں کہ وہ اپنے قارورے کا امتحان کرائیں۔"

فراق صاحب کی طرح میں نے بھی بحث کے لیے چند مثالیں چنی ہیں۔ ان میں سے کچھ مصوری اور مجسمہ سازی سے تعلق رکھتی ہیں۔ چاہیے تو یہ تھا کہ ان پر لکیر، سطح، تناسب اور حجم کے نقطۂ نظر سے غور کیا جاتا، لیکن میں ان فنون میں کورا ہوں۔ میں نے تو صرف ورق گردانی کرتے ہوئے دو چار مثالیں ایسی چھانٹ لی ہیں، جنھیں فحش سمجھا گیا ہے یا بعض پاک بیں حضرات سمجھ سکتے ہیں۔ میں نے خاص طور پر مذہبی آرٹ کی مثالیں چھانٹی ہیں۔

لیکن مذہبی آرٹ پر ہم اس وقت تک انصاف کے ساتھ غور نہیں کر سکتے جب تک کہ ہم دوسروں کے احساسات کو بھی اتنا ہی قابل وقعت نہ سمجھیں جتنا کہ اپنے معتقدات کو۔ غالباً احساسات کا درجہ معتقدات سے بلند تر ہے؛ کم سے کم آرٹ کی دنیا میں۔ اور مذہب ہے کیا سوائے زندگی اور کائنات کے بارے میں ایک خاص نقطۂ نظر قائم کرنے کے؟ ممکن ہے کہ میرے مذہبی اعتقاد کی رو سے سانپوں کو پوجنے والے حبشی کا اعتقاد غلط ہو لیکن اگر میں ایمان دار ہوں تو اس جذبے کی گہرائی، خلوص اور بنیادی حیثیت سے انکار نہیں کر سکتا جس نے اسے سانپ پوجنے پر مجبور کیا۔ بلکہ ممکن ہے، اس کا جذبہ میری توحید پرستی سے زیادہ پرزور، زیادہ سچا ہو اور روح کائنات سے رشتہ قائم کرنے میں اس کی زیادہ مدد کرتا ہو۔ شاید میری باتیں اسلام کے خلاف ہوں لیکن میرا یقین ہے کہ میں "قرآں در زبان پہلوی" کے الفاظ دہرا رہا ہوں: "موسیا، آداب داناں دیگر اند۔"

تو غرضیکہ ہم کسی زمانے، کسی قوم کے مذہبی آرٹ کو اس وجہ سے رد نہیں کر سکتے کہ اس میں ہمارے مذہبی معتقدات نہیں پائے جاتے۔ اس بنیادی اصول کو ماننے کے بعد

زمانہ قبل از تاریخ اور افریقی قوموں کی نقاشی اور مصوری (جو سو فی صدی مذہبی ہے) سے لے کر مصری، ہندو اور عیسائی مذہبی آرٹ تک دیکھ جایئے۔ پاکیزہ ترین تصویروں اور مجسموں میں بھی جنسی اعضا کو چھپانے کی کوشش نہیں کی گئی، حالاں کہ ان موقعوں پر کسی غیر اور نامناسب جذبے کی مداخلت گوارا نہیں ہو سکتی تھی۔ ایک لمحے کے لیے بھی تصور نہیں کیا جاسکتا کہ ایسے سنجیدہ موقع پر جہاں کائنات کے متعلق صرف ایک فرد کا نہیں بلکہ پوری جماعت کا رد عمل دکھانا منظور ہو، وہاں کوئی ایسے عناصر داخل کیے گئے ہوں گے جن کا مقصد جنسی ترغیب و تحریک یا جنسی تجسس ہو۔ جہاں فن کار کی ساری روح ستائش و نیائش یا خوف و ہیبت کے جذبوں میں سمٹ آئی ہو، وہاں اسے جنسی لذت کا خیال کیسے آ سکتا ہے؟ اس سے بھی بڑھ کر یہ کہ کوئی فن کار اپنے فن پارے کی وحدت تاثر اتنی آسانی سے کیسے برباد کر سکتا ہے؟ اور خصوصاً جب کہ وہ محض اپنے جذبوں کا اظہار نہ کر رہا ہو بلکہ پوری قوم نے ایک اہم فرض اس کے سپرد کیا ہو... جہاں ذرا سی لغزش میں اسے ابدی لعنت مول لینے کا خدشہ ہو۔ ایسے مقام پر صرف ایسے لوگوں کا ذہن جنس کی طرف جاسکتا ہے جن میں جمالیاتی احساس غائب ہو، یا جن کے دل سے چھچھورے اور سستے مزے کا خیال کبھی نہ جاتا ہو۔ یہ بات بھی یاد رکھنے کے لائق ہے کہ مجسموں اور تصویروں میں جنسی اعضا اس وقت چھپائے جانے شروع ہوتے ہیں، جب زمانہ انحطاط پذیر اور انحطاط پسند ہوتا ہے، جب روحانی جذبے کی شدت باقی نہیں رہتی اور خیالات بھٹکنے لگتے ہیں۔ جب فن کار ڈرتا ہے کہ وہ اپنے ناظرین کی توجہ اصلی چیز پر مرکوز نہیں رکھ سکے گا۔ پتے اس وقت ڈھکے جانے شروع ہوتے ہیں جب فن پارے کی وحدت قوم کی نظر میں باقی نہیں رہتی اور وہ اسے مختلف ٹکڑوں کا مجموعہ سمجھنے لگتی ہے۔ ان چیزوں سے قطع نظر، بعض دفعہ تھوڑا سا پردہ تصویر کو کہیں زیادہ فحش بنا دیتا ہے اور ذہن کو لامحالہ برے

پہلوؤں کی طرف لے جاتا ہے، کیوں کہ اس میں وہی sneaking کی صفت پیدا ہو جاتی ہے جس کا ذکر فراق صاحب کیا ہے۔ اس کی درخشاں مثالیں رائل اکیڈمی کی تصویریں اور مجسمے ہیں، جسے انجیر کا پتہ استعمال کرنا پڑے وہ صرف اخلاقی حیثیت سے ہی کمزور نہیں بلکہ شاید اچھا فن کار بھی نہیں ہے۔ وہ نہیں جانتا کہ بعض اعضا کو اپنے نقش میں کس طرح بٹھائے۔ انجیر کے پتے کے پیچھے وہ عریانی نہیں چھپاتا بلکہ اپنی فنی کمزوری۔ برہنہ جسم دیکھنے اور دکھانے کے لیے بھی بڑی قوت مردمی، بڑی سنجیدگی اور بڑے گہرے اخلاقی اور روحانی احساس کی ضرورت ہے۔ جسم اور جنسی اعضا کو پاک سمجھنا غالباً سب سے مشکل مسئلہ ہے جو انسانی روح کے سامنے آ سکتا ہے۔ جسم کو روح کے برابر پاکیزہ اور لطیف محسوس کرنا ایک ایسا مقام ہے جو فرد اور قوم دونوں کو تہذیب کی انتہائی بلندی پر ہی پہنچ کر حاصل ہوتا ہے اور یہ دنیا کے دو بڑے تمدنوں، ہندو اور یونانی کا مابہ الامتیاز ہے۔ اور یہ دونوں آرٹ جسمانی حقیقتوں سے آنکھیں نہیں چراتے۔ یہاں میں یونانی آرٹ کی ایک خصوصیت کا ذکر کروں گا۔ یونانی آرٹ کا اصول آدرش اور مکمل ترین نمونے کی تلاش ہے۔ وہ حقیقت کو بگاڑتا ہے، اسے حسین ترین شکل میں پیش کرنے کے لیے۔ اس نے اپنی ساری توجہ عورت کے جسم پر ہی صرف نہیں کی بلکہ ایک زمانے میں مرد کا جسم ہی حسن کا آدرش تھا۔ یونانی آرٹ نے دکھایا ہے کہ مرد کے اعضائے تناسل میں بھی اتنا ہی حسن، صداقت اور نیکی ہوتی ہے جتنی وینس (Venus) کے سینے میں۔ اگر حسن نام ہے توازن، تناسب اور آہنگ کا، اور حسن صداقت ہے تو ان مظاہر میں بھی اتنا ہی حسن، صداقت اور نیکی ہے جتنا اپولو (Apollo) کے چہرے میں۔ یہاں پھر یہ یاد رکھیے کہ یونانی آرٹ بھی بہت حد تک مذہبی ہے، خواہ اس کی پرستش کا مرکز کوئی موہوم ہستی نہیں بلکہ انسان ہیں۔ وہ الگ الگ چیزوں کے بارے میں نہیں بلکہ پوری کائنات کے

متعلق ایک نقطۂ نظر کا اظہار ہے۔ یونان کے آخری دور میں لذت پرستی آ گئی ہو لیکن شروع کا زمانہ قطعاً معصوم ہے۔

یہ نہ سمجھیے کہ تصویر میں جنسی اعضا کی شمولیت کی وجہ جواز محض حقیقت نمائی کا اصول... چونکہ وہ جسم کا حصہ ہیں، اس لیے دکھانا پڑتا ہے۔ نہیں، بلکہ اگر فن کار میں صلاحیت ہے تو یہ حصے اظہار میں اس کی اتنی ہی مدد کر سکتے ہیں جتنی کوئی اور۔ گہری سے گہری روحانی کیفیتیں ان کے صحیح استعمال سے زیادہ واضح کی جا سکتی ہیں۔ فن پارہ ایک وحدت ہوتا ہے۔ اس کے ہر جز کو مرکزی جذبہ کا صرف تابع ہی نہیں ہونا پڑتا بلکہ اسے اظہار اور وضاحت میں بھی معاونت کرنی پڑتی ہے۔ اور پھر بڑا فن کار تو ذرا سے نقطے کو بھی اپنے مقصد کے لیے استعمال کرتا ہے۔ میرے سامنے افریقہ کے ایک چوبی مجسمے کی تصویر ہے جس میں روح کائنات سے خوف زدہ ہونے اور ہیبت سے جم کر رہ جانے کا نقشہ کھینچا گیا ہے۔ صرف دیکھنے ہی سے یہ پتہ چل سکتا ہے کہ مڑی ہوئی متشنج رانوں کے درمیان اور باقی جسم کے تناسب سے ایک چھوٹے سے لکڑی کے ٹکڑے نے اثر میں کیا اضافہ کر دیا ہے... اگو ستینو دی دوچیو کی سنگ مرمر پر ابھری ہوئی تصویر ہے؛ "میڈونا اور بچہ"... عیسیٰ کے بچپن کی جتنی تصویریں میں نے دیکھی ہیں، ان میں یہ مجھے سب سے زیادہ پسند ہے۔ کیوں کہ عام طور پر مصور سارا زور تقدس پیدا کرنے میں صرف کر دیتے ہیں لیکن یہاں ایک ایسی چیز پیش کی گئی ہے جو تقدس اور طہارت سے کہیں بلند ہے۔ یعنی بچے میں زندگی کا ابھار، زندگی کا مچلنا، یہ معصوم شوخی اور تبسم کی لہریں جیسی چہرے پر نمایاں ہیں، بالکل ویسی ہی رانوں کی سلوٹوں میں بھی۔ اور جس کیفیت سے جنسی اعضا دکھائے گئے ہیں، وہ چہرے کی معصومیت کو کئی گنا بڑھا دیتے ہیں۔

مائیکل اینجلو (Michael Angelo) کی مشہور تصویر ہے؛ "تدفین"۔ عیسیٰ کو

بالکل برہنہ دکھایا گیا ہے، کیوں کہ موت کے اثر کو جسم کے ہر حصے سے ظاہر کرنا مقصود تھا اور خصوصاً ٹانگوں سے چہرے پر انتہائی سکون اور روحانیت طاری ہے۔ مصور کو یقین تھا کہ جنسی حصے عریاں کر دینے سے اس روحانی جمال پر کوئی برا اثر نہیں پڑے گا۔ اگر اس کا ذرا سا بھی شائبہ ہوتا تو مائیکل اینجلو جیسا مصور کبھی بھی عریانی کی خاطر عریانی پسند نہ کرتا۔ چنانچہ روبنز نے اپنی تصویر "مردہ مسیح" میں تھوڑا سا حصہ ڈھک دیا ہے، حالاں کہ یہاں چہرہ پر جمال نہیں بلکہ کسی عام مصلوب لاش کا سا ہے۔ یہ پردہ اس وجہ سے کہ سر پیچھے کی طرف ڈھلکا ہوا ہے۔ اگر جنسی حصے جن کی جگہ تصویر میں آگے ہے، کھلے ہوتے تو وہ نظروں کو وہیں روک لیتے اور بازوؤں کی قوت اظہار میں بھی حارج ہوتے۔ یہ فیصلہ تو فن کارانہ احساس ہی کرتا ہے کہ کسی جگہ عریانی موزوں ہے کہاں ناموزوں۔

بلیک (Blake) کی تصویر "شیطان باغی فرشتوں کو ابھار رہا ہے۔" جنسی حصہ پیٹ کے عضلات سے مل کر ایک مثلث بناتا ہے جس کی لکیریں ٹانگوں کو اوپر کے جسم سے الگ کرتی معلوم ہوتی ہیں۔ اس فرق سے ٹانگیں ستون بن جاتی ہیں اور مضبوطی سے اپنی جگہ گڑی ہوئی معلوم ہونے لگتی ہیں اور شیطان کو تو غالباً انجیر کا پتہ سجتا بھی نہیں۔

رودیں (Rodin) کے مجسمے (Bronze Age) پر غور کیجیے۔ یہاں انسان کے اندر فطرت کا احساس بیدار ہوتا ہوا دکھایا گیا ہے۔ یہ احساس پیروں سے سر تک چڑھتا چلا گیا ہے اور جذبہ کی شدت سے آدمی کے ہاتھ اوپر اٹھ گئے ہیں۔ کپڑے پہنا کر تو خیر یہ خیال ظاہر ہو ہی نہیں سکتا تھا اور اگر ہوتا بھی تو اتنا قوی اور صحت ور نہ ہوتا۔ لیکن اگر بیچ میں ذرا سی دھجی ہوتی تو یہ فائدہ ضرور تھا کہ نیک لوگوں کو اسے دیکھ کر آنکھیں نیچی نہ کرنی پڑتیں، مگر لائنوں کا تسلسل ٹوٹ جاتا۔ نظر بیچ میں اٹک جاتی اور ساتھ ہی اس احساس کی روانی بھی وہیں ٹوٹ جاتی اور مجسمے میں وہ بے اختیاری اور از خود رفتگی نہ رہتی جو اب

ہے۔ اب تو شدت تاثر اور ہم آہنگی کا یہ عالم ہے کہ معلوم ہوتا ہے کہ سارا جسم سن ہو گیا ہے اور سارا احساس کھنچ کر سر اور بندھی ہوئی مٹھی میں آگیا ہے... گویا روح ایک نقطے پر یکایک جل اٹھی ہے۔ یہاں جنسی اعضا کی سکون پذیری کیا اثر پیدا کرتی ہے؟ شاید جسم اور روح کا فرق مٹ جاتا ہے۔

عریانی کی وجہ سے ایسٹپائن جیسا مطعون و مردود رہا ہے، وہ تو بجائے خود ایک داستان ہے۔ اس نے اسٹرینڈ کی ایک عمارت کے لیے عورت اور مرد کی زندگیوں کے مختلف مدارج کے مجسمے بنائے تھے اور اپنی ساری معصومیت اور طہارت قلب صرف کر دی تھی۔ وہ دراصل مرد اور عورت کے تعلقات کے مثالی نمونے تھے اور نیا ئشانہ جذبے سے پر۔ مگر شریف عورتوں نے یہاں صرف عیاشانہ جذبہ دیکھا اور پھر اپنی شکایتوں کے باوجود انھیں دیکھنے بھی جوق در جوق آئیں۔ اسی طرح اس کے مجسمے "پیدائش" کو بھی فحش اور گندا کہا گیا۔ لیکن پھر وینس دی میدیچی (Venus de' Medici) کو فحش کیوں نہیں کہا جاتا؟ غالباً اس وجہ سے کہ اس کے پستان بہت شہوت انگیز ہوتے ہیں اور ایسٹپائن کا مجسمہ لوگوں کے لیے محض وحشت انگیز تھا۔ رائل اکیڈمی تو چونکہ نارنگیوں اور سنگتروں کی روایت تازہ کرتی رہتی ہے، اس لیے اس کے کارناموں سے ماؤں، بہنوں، بیٹیوں کو کوئی خطرہ نہیں ہے لیکن محض ایک پھولا ہوا پیٹ اور بدنما پستان دکھا کر ایسٹپائن اخلاق کا دشمن بن گیا تھا۔ حالاں کہ یہاں وہ جنسیت کی بنیادوں تک پہنچ گیا ہے۔ بعضوں نے تو یہاں تک کہہ دیا ہے کہ یہ حاملہ نہیں بلکہ دھرتی ماتا ہے۔ اسے دیکھنے کے بعد احساس ہوتا ہے کہ جنس کی اہمیت اور عظمت کیا ہے۔

ایسٹپائن ہی کا مجسمہ ہے "آدم"، جسے دیکھ کر خاتونوں کے ہاتھوں سے عینکیں گر گر پڑی ہیں اور جس کے بارے میں کہا گیا ہے کہ یہ مجسمہ ایک آدمی نے نہیں بنایا بلکہ پوری

نسل انسانی نے۔ لیکن نسل انسانی نے بھی حیا سوزی کی انتہا کر دی ہے کہ آدمی کو ابو الاباء کے جسم میں خیزش دکھائی ہے۔ اول تو آدم کے بارے میں یہ بد گمانی اور پھر اس کیفیت میں۔ چھی چھی!!

لیکن اس مجسمے کے لیے مبالغہ آمیز اسم صفت گنوانے کی بجائے میں اس جسارت کی فنی اہمیت دریافت کرنے کی کوشش کروں گا۔ یونانی اور دوسرے قدیم مجسمہ ساز حرکت دکھاتے ہوں یا نہ دکھاتے ہوں مگر جس دن سے لیسنگ نے فتویٰ دیا ہے کہ مجسمہ حرکت کا اظہار نہیں کر سکتا، صرف سکون کو یا حرکت کو ایک جگہ ٹھہرا کر مجسمہ بنایا جا سکتا ہے؛ اس دن سے مجسمہ ساز اس قانون کی خلاف ورزی کرتے ہوئے ڈرتے ہیں۔ اس روایت کو توڑنے کے لیے رودیں نے چلتے پھرتے آدمیوں کے مجسمے بنائے ہیں لیکن نئے مجسمہ ساز مثلاً ایسٹپائن یا ہنری مور (Henry Moore) اس مادے کا بہت احترام کرتے ہیں جس سے وہ مجسمہ بنا رہے ہوں۔ چنانچہ یہ لوگ پتھر کو وہ شکلیں اختیار کرنے پر مجبور نہیں کرتے جو گوشت و پوست سے مخصوص ہیں۔ حرکت کے اظہار کے لیے وہ پتھر کے اندر سے حرکت پیدا کرتے ہیں۔ اسے اوپر سے توڑتے مروڑتے نہیں۔ اس مجسمہ میں ایسٹپائن کو انسان کی ہمیشہ ترقی کرتے رہنے کی لگن اور مشکلوں سے مقابلہ کی جرأت دکھانی تھی۔ لیکن اس نے آدم کو بھاگتا ہوا نہیں دکھایا بلکہ ہاتھ تک بدن سے جڑے ہوئے ہیں۔ مجسمے کے اندر ایک ایسی اینٹھن، ایک ایسا ابھار اور قوت پیدا کی گئی ہے کہ معلوم ہوتا ہے، آدم زمین سے اٹھ کر اوپر کھنچا چلا جا رہا ہے اور اس میں اپنی انتہائی طاقت صرف کر رہا ہے۔ خود سوچ لیجیے کہ وہ تھوڑی سی بد تمیزی کیا نشو و نما پاتی ہے۔ یہاں اس طرف بھی اشارہ ہے کہ جنس انسان کی ترقی میں رکاوٹ نہیں بلکہ مددگار ہے اور اس کی پرورش بھی اتنی ہی ضروری جتنی ذہنی اور روحانی صلاحیتوں کی ہے۔

ہاں، ایک سب سے زیادہ مذہبی زمانہ کو تو میں بھولا ہی جا رہا تھا یعنی یورپ کا عہد وسطیٰ۔ اس زمانہ کی جنسی حقیقت پسندی اور ظرافت کی عریانی تو مشہور ہی ہے لیکن یہ چیزیں مذہبی ڈراموں تک میں داخل ہو گئی تھیں۔ یہ ڈرامے محض تفریح طبع کا ذریعہ نہیں تھے بلکہ ایک قسم کی عبادت۔ لیکن ان میں بھی کھلے کھلے جنسی اشارے معیوب نہیں سمجھے جاتے تھے۔ نوح اور ان کی بیوی اسی ٹھاٹھ سے لڑتے تھے جیسے کوئی اور میاں بیوی۔ اور نوح کی بیوی کی زبان کسی عام عورت سے پاک تر نہیں خیال کی جاتی تھی۔

عریانی سے کیا کام لیے جا سکتے ہیں، دیکھنا ہو تو زولا کے یہاں چلیے۔ کسی عورت کا ذکر آ جائے تو اس کے پستانوں کا حال بیان کیے بغیر وہ مشکل ہی سے بڑھتا ہے۔ شاید کسی سائنس داں نے بھی اتنی قسمیں نہ بیان کی ہوں گی جتنی زولا نے ایک کتاب میں۔ لیکن یہ لذت پرستی نہیں ہے بلکہ نفسیات اور کردار نگاری۔ عورت کے سلسلے میں تیس فی صدی کردار تو وہ پستانوں کے ساتھ ہی بیان کر دیتا ہے اور اس کی داستان حیات بھی۔ زولا کا شاہکار "جرمینل" ہے۔ یہ سرمایہ اور محنت کی جنگ کی رزمیہ ہے اور اس کا درجہ اتنا بلند ہے کہ آندرے ژید کے خیال میں اسے فرانسیسی میں نہیں بلکہ کسی بین الاقوامی زبان میں لکھا جانا چاہیے تھا۔ مزدوروں نے بغاوت کی ہے اور وہ ہر چیز برباد کرتے پھر رہے ہیں۔ اسی جوش میں وہ ایک سوداگر کو، جو ان کی لڑکیوں کو خراب کیا کرتا تھا، مار ڈالتے ہیں اور اس کے عضو مخصوص کو کاٹ کر ایک سلاخ میں پرو لیتے ہیں۔ زولا کی ذہنی گندگی... لیکن یہ موقع نہایت سنجیدہ ہے اور یہاں اس کی گنجائش ہو ہی نہیں سکتی، اور خصوصاً اس کتاب میں جہاں زولا کھلم کھلا پرولتاری انقلاب کی حمایت کر رہا ہے۔ زولا گروہوں اور ہجوموں کی نفسیات کا ماہر ہے۔ اس میں ٹالسٹائے کے علاوہ مشکل ہی سے کوئی اس کی برابری کر سکتا ہے۔ مزدوروں کی یہ حرکت ایک مشتعل گروہ کے جنون کا آخری درجہ ہے اور نفسیات

کے مالک کی طرح زولا اسے دکھانے میں نہیں جھجکا ہے اور اسی سلسلے میں وہ متوسط درجے کے اخلاق پر اور نئی اقدار کے بڑھتے ہوئے حملے کے سامنے بیچارگی اور ریاکاری پر ایک بڑی سخت چوٹ بھی کر گیا ہے۔ جب مزدور اس حالت میں کارخانہ کے منیجر کے مکان کے سامنے سے گذرتے ہیں تو اس کی بیٹی اپنے باپ (یا ماں) سے پوچھتی ہے کہ یہ کیا ہے؟ اسے کوئی جواب نہیں ملتا اور آخر دونوں جھینپ کر کھڑکی سے ہٹ آتے ہیں۔ نفسیات کے سلسلے میں شیکسپیئر کی مثال لیجیے۔ اس کے مزاحیہ کرداروں اور بہت سے مردوں کی زبانوں سے تو خیر بڑے ترو تازہ پھول جھڑتے ہیں لیکن یہ گمان بھی نہیں ہو سکتا کہ وہ اپنی کسی ہیروئن کو مبتذل بنا سکتا ہے اور پھر المیہ کی ہیروئن کلوپیٹرا کو اس نے محض شہوت پرست نہیں دکھایا بلکہ بلند نظر اور پر جلال بھی۔ بری سے بری چیزیں بھی اس کے اندر بھلی معلوم ہونے لگتی ہیں۔ لیکن اس کی گفتگو جنسی علامتوں سے بھری پڑی ہے اور اینٹینی کے روم چلے جانے کے بعد تو یہ عنصر اور بھی بڑھ جاتا ہے اور ہر ہر بات میں اس کی جنسی بے قراری مچلتی ہوئی نظر آتی ہے۔

کلوپیٹرا سے یہ باتیں کہلوا کر شیکسپیئر اسے شورڈچ کی رنڈی نہیں بنا رہا تھا بلکہ اس کی نفسیاتی بصیرت وہ چیز پیش کر رہی تھی جس کا تجزیہ اب آ کر فرائڈ نے کیا ہے۔ اور نہ اس سے کردار کی بلندی میں کوئی فرق پڑتا ہے بلکہ کلوپیٹرا کی انسانیت اور بڑھ جاتی ہے۔ جنسی جذبے کی شدت اس کی قربانی کو اور بھی پر وقعت بنا دیتی ہے۔ شیکسپیئر مقابلے سے بڑے کام لیتا ہے۔ "اوتھیلو" میں ایک طرف تو ڈیسڈی مونا کی انتہائی معصومیت اور بھولپن ہے، اس کی زبان سے لفظ رنڈی بھی نہیں نکلتا۔ دوسری ایاگو کی دریدہ دہنی ہے جو کسی وقت فحاشی سے باز نہیں آتا اور آخر اس کا اثر اوتھیلو پر بھی پڑتا ہے اور اس کے دماغ پر جنسی ہولناکیاں مسلط ہو جاتی ہیں۔ یقیناً یہ فحش برائے فحش نہیں، نہ چونی والوں کی تسکین کا

سامان۔ یہ شدید اور بعض وقت اعصاب زدہ فحش گوئی کی فضا جو اس ڈرامے پر چھائی ہوئی ہے، ڈیسڈی مونا کی شرافت نفس اور سادگی میں چار چاند لگا دیتی ہے اور وہ شیطانوں کے درمیان گھری ہوئی فرشتہ نظر آنے لگتی ہے۔

اس قسم کے مقابلے کو اگر پرکاری سے استعمال کیا جائے تو وہ کیا اثر پیدا کرتا ہے، اس کی مثال میں، میں ڈے لوئیس کی ایک نظم پیش کروں گا جو انھوں نے موجودہ جنگ کے متعلق لکھی ہے۔ یہ ایک بہت چھوٹی نظم ہے، جس میں توپوں کو عضو تناسل سے تشبیہ دی ہے، وہ دنیا کے رحم میں بربادی کا بیج بونے کے لیے تنی کھڑی ہیں۔ غالباً شاعر کی ذہنی گندگی، مگر کیا دنیا میں کوئی دوسری تشبیہ رہ ہی نہیں گئی تھی؟ لیکن غور کیجیے کہ جو زور اس تشبیہ سے پیدا ہوتا ہے وہ کسی اور سے ممکن نہیں تھا۔ محض تناؤ کا زور نہیں بلکہ یہاں اس حقیقت کی طرف اشارہ ہے کہ جو چیزیں انسان کے لیے رحمت ہو سکتی تھیں، وہ آج لعنت بنی ہوئی ہیں۔ عضو تناسل افزائش اور برکت کا نشان ہے لیکن یہاں اسے بربادی کی علامت کی صورت میں پیش کیا گیا ہے۔ توپ سائنس اور علمی ترقیوں کی نمائندگی بھی کرتی ہے، ان چیزوں کا مقصد تھا کہ فطرت سے انسان کی لڑائی میں اس کی مدد کریں لیکن آج وہ خود انسان کی ہلاکت کے درپے ہیں۔ اس خیال کو کسی اور علامت کی مدد سے اتنی ہی چھوٹی نظم میں ادا کرنے کی کوشش کیجیے، لیکن یہ خیال رہے کہ وعظ کا عنصر نہ آنے پائے جس طرح یہ نظم اس سے پاک ہے۔ تو یہ قطعاً انفرادی طور سے فن کار پر منحصر ہے کہ وہ عریانی سے کیا کام لیتا ہے۔ اور اسے پاکیزہ ترین جذبات کے اظہار کی خدمت لی جا سکتی ہے اور لی گئی ہے۔ رلکے نے کہہ رکھا تھا کہ آرٹ کا مقصد تعریف کرنا ہے لیکن ہمارے زمانے میں تعریف کرنا کوئی ایسا آسان کام نہیں ہے۔

اگر رلکے خود تعریف کر سکا ہے تو زندگی سے بھاگ کر، اپنے آپ کو مداخلت سے

محفوظ کرنے کے بعد، خاص قسم کے عارفانہ اور مابعد الطبیعاتی جذبے کو اپنے اوپر طاری کرے۔ لارنس نے تعریف کی ہے مگر زندگی کے ایک خاص مظہر کی، ایک مخصوص شعلے کی جو آدمی کو ایسے لپیٹ لیتا ہے کہ بے اختیار منھ سے تعریف نکل ہی آتی ہے لیکن عامیہ زندگی کی سطح پر اتر کر، اس کی ظاہری کیفیت کو قبول کر کے۔ ناک بھوں چڑھائے بغیر اس میں رہبانیت یا خدا کے جلوے یا کسی آفاقی اصول کو تلاش کیے بغیر، تعریف کرنا ہر آدمی کا کام نہیں ہے۔ اور پھر ہمارے زمانے میں کہ جب فرد اور سماج میں اتنی مغائرت اور مخالفت ہو لیکن جوئس نے اسی طرح تعریف کی ہے اور "یولیسس" کے اس حصے میں جس کی وجہ سے کتاب کو ضبط کر لیا گیا تھا۔ میرین بلوم ایک معمولی عورت ہے اور ایسی ہی شہوت پرست۔ اس میں کوئی بات بھی بلند یا پاک نہیں اور ایسی ہی ایمان داری اس کی خود کلامی میں برتی گئی ہے لیکن اس کی عریاں خیالی اسے ٹھوس بنا دیتی ہے۔ اس کا رشتہ ہماری دنیا، ہماری زمین سے مضبوط ہوتا چلا جاتا ہے اور آخر میں اس کی جنسیت زمین اور زندگی کی حمد کی شکل اختیار کر لیتی ہے۔ اور یہ جذبہ اتنا ہی اعلیٰ و ارفع ہے جتنا کوئی اور۔ بالکل ایسا ہی ٹھوس کردار چوسر نے اپنے "باتھ کی خاتون" کی شکل میں پیش کیا ہے۔ دونوں عورتیں زندگی سے بے اندازہ لطف لیتی ہیں، دونوں زندہ رہنے کی بے پایاں خواہش رکھتی ہیں مگر "باتھ کی خاتون" میں ایک بات زیادہ ہے، وہ مرنے سے بھی نہیں ڈرتی۔ زندگی نے اسے جو کچھ دیا ہے وہ اس سے پوری طرح مطمئن ہے۔ حالاں کہ ہمارے زمانے کے کردار زندگی سے بیزار ہوتے ہوئے بھی موت اور وقت سے لرزتے ہیں۔ اپنی جوانی کے گذر جانے کے خیال سے وہ افسردہ تو ضرور ہوتی ہے مگر باقی عمر سے زیادہ فائدہ اٹھانے کی طرف متوجہ ہو جاتی ہے۔ وہ اپنی جنسیت کی مدد سے وقت پر فتح حاصل کرتی ہے۔ اس کا خیال ہے کہ خدا نے انسان کو حکم دیا ہے کہ وہ اپنی نسل کو بڑھاتا رہے۔ اسی وجہ سے وہ

خدا کا شکر ادا کرتی ہے کہ اسے پانچ شوہر ملے ہیں اور وہ چھٹے کا استقبال کرنے کے لیے بھی تیار ہے۔ وہ اپنے کو عفیفہ بنا کر نہیں رکھنا چاہتی بلکہ شادی کے کاروبار میں اپنی ساری زندگی کے پھول کو پیش کرے گی، وہ اصلاح ادب کا نفرنس سے پوچھتی ہے:

"مجھے یہ بھی تو بتایئے کہ اعضائے تناسل بنانے کا مقصد کیا تھا؟ یہ لوگوں نے اپنی کتابوں میں کیوں لکھ رکھا ہے کہ مرد کو اپنی بیوی کا قرض ادا کرنا چاہیے۔ اب وہ اپنی ادائیگی کیسے کرے گا، اگر اپنا نفیس آلہ استعمال نہ کرے؟ بیوی کی حیثیت سے میں تو اپنے آلے کو ایسی ہی آزادی سے استعمال کروں گی جیسے میرے خالق نے مجھے عنایت کیا ہے۔ اگر میں روک ٹوک کروں تو مجھ پر خدا کی مار ہو۔ میرا شوہر اسے صبح و شام دونوں وقت لے سکتا ہے۔ جب اس کا دل چاہے آئے اور اپنا قرض چکائے لیکن افسوس! عمر نے جو سب چیزوں میں زہر ملا دے گی، میری خوب صورتی اور میرا زور چھین لیا ہے۔ خیر، جانے دو، چلو رخصت۔ شیطان بھی اسی کے ساتھ جائے۔ آٹا تو ہو ہی چکا، اس کا کیا ذکر، اب تو جیسے بھی ممکن ہو گا مجھے بھوسی ہی بیچنی پڑے گی لیکن اب میں بھی پوری زندہ دلی سے رہوں گی۔" ور جینیا وولف بڑی حسرت اور رنج کے ساتھ کہتی ہیں،" اب یہ قہقہہ کرۂ زمین پر دوبارہ نہیں سنا جائے گا، جو پیٹ کی تہوں سے اٹھتا ہے۔"

چوسر کے ایک عالم نے ان تمام حصوں کو اپنی کتاب سے نکال دیا ہے۔ اسی طرح مڈلٹن مرے (جن کی رائے کا میں ہر جگہ بہت احترام کرتا ہوں) فرماتے ہیں کہ "لارنس نے 'لیڈی چیٹرلی کا عاشق' میں جو ناقابل تحریر الفاظ استعمال کیے ہیں وہ نفس مضمون کو کوئی فائدہ نہیں پہنچاتے، صرف گالی برائے گالی ہیں۔" شاید۔ لیکن میرا ذاتی رد عمل تو یہ ہے کہ ان گالیوں اور بعض عامیانہ حرکتوں کی وجہ سے میلرز اور لیڈی چیٹرلی عام انسانوں سے بہت قریب آ گئے ہیں اور یہ بات لارنس کی کتاب میں ذرا کم ہی ہوتی ہے۔ اس سے

صرف کتاب کے ٹھوس پن اور انسانیت ہی میں اضافہ نہیں ہوتا بلکہ لارنس کے پیغام کی اشاعت میں بھی مدد ملتی ہے۔ اس کی حقیقت ہم سے قریب ہو جاتی ہے اور وہ ایسی چیز نہیں رہتی جس تک پہنچنے کی ہم خواہش بھی نہیں کر سکتے۔ اسی طرح بکرے اور بکری پر لارنس کی نظموں کی حقیقت نگاری، جنسی جذبے کی تندی، وحشت اور ایک حد تک مضحکہ خیزی کا اظہار ہے بلکہ اس حقیقت نگاری میں "جنس کے پیغمبر" کی، جنس سے جھجک، ڈر اور نفرت جھلکتی ہے۔

لارنس کے ذکر سے مجھے ایک اور سوال یاد آتا ہے۔ عریانی کے معذرت خواہوں کی طرف سے بعض دفعہ فحش اور غیر فحش کا فرق بتانے کی کوشش کی گئی ہے۔ سفید رومال سے چہرہ صاف کر کے کہا جاتا ہے کہ جنس کے ذکر میں لذت کا اظہار نہ ہونا چاہیے اور نہ ترغیب کا عنصر۔ مگر مجھے اس سے اختلاف ہے، کیوں کہ حقائق کو بھی اس سے اختلاف ہے، آخر لذت سے اتنی گھبراہٹ کیوں؟ جب ہم کسی پیڑ کو، کسی کردار کے چہرے کو، اس کے کپڑے کو، کسی سیاسی جلسے کو مزے لے لے کر بیان کر سکتے ہیں اور تنقید اسے ایک اچھی صفت سمجھ سکتی ہے تو پھر عورت کے جسم کو یا کسی جنسی فعل کو لذت کے ساتھ بیان کرنے میں کیا بنیادی نقص ہے؟ دراصل اس اعتراض کی بنیاد وہ روایتی احساس ہے جو جسم کے بعض حصوں اور بعض جسمانی افعال سے جھجکتا ہے اور انھیں بنفسہ گندہ اور پلید سمجھتا ہے اور ان کے وجود کو ابدی لعنت کا داغ۔ یہی ذہنیت جو ایک طرف تو ادب اور آرٹ پر پابندیاں عائد کر دیتی ہے لیکن دوسری طرف لاتعداد فحش کتابوں کو جنم دیتی ہے۔ لذت بجائے خود کسی فن پارے کو مردود نہیں بنا سکتی بلکہ اس کے مقبول یا مردود ہونے کا دارومدار ہے لذت کی قسم، اس کی سطح پر، فن کار کے مزاج اور نقطۂ نظر پر۔ کیا شیکسپیئر کی وینس اور ایڈونس، ٹیشئین کی برہنہ عورتیں، دودین کے دو مجسمے، "دائمی بہار"

"بوسہ" اور "ہم آغوشی" لذت اور ترغیب سے بالکل خالی ہیں؟ اس سے بھی زیادہ اہم سوال یہ ہے، کیا ہم انھیں فحش کہہ کر چھوڑ سکتے ہیں؟

فحش کی یہ ترغیب والی تعریف غالباً ترقی پسندوں کی طرف سے ہوئی ہے۔ لیکن یہ مسئلہ بہت پھیل جاتا ہے۔ فحش کے سوال سے کہیں آگے یہ فیصلہ ہو جائے کہ جنس قطعاً گندی اور غیر شریفانہ چیز ہے۔ اس لیے اس سے لذت کا اظہار اور اس کی ترغیب بھی نا مناسب ہے۔ میں ماننے کو تیار ہوں لیکن اگر تاکید جنس پر نہیں بلکہ ترغیب پر ہے تو ادب کے ذریعے سے انقلاب یا سماجی تبدیلی کو ترغیب دلانا بھی اتنی ہی نامناسب چیز ہے۔ ترغیب کا مسئلہ چھیڑ کر ترقی پسند ایک پڑوس میں جا پہنچتے ہیں جس کے سائے سے بھی وہ بھاگتے ہیں یعنی جیمز جوئس۔ جوئس کا نظریہ ہے کہ جمالیاتی جذبے میں "حرکت" نہیں ہوتی بلکہ فرار، آرٹ نہ تو کسی چیز کی خواہش ہمارے دل میں پیدا کرتا ہے اور نہ کسی چیز سے نفرت، جو آرٹ اس اصول کا پابند ہے وہ مناسب آرٹ ہے اور جو خواہش یا نفرت پیدا کرنے کی کوشش کرتا ہے، غیر مناسب آرٹ ہے، خواہ وہ فحش ہو یا اخلاقیات۔ اس سلسلے میں جوئس نے وینس کے مجسمے کی مثال دی ہے۔ بعض لوگ کہتے ہیں کہ ہمیں وینس کی رانیں اس وجہ سے پسند آتی ہیں کہ وہ بڑا تندرست بچہ پیدا کر سکتی ہیں اور پستان اس لیے کہ ان میں بچے کو دودھ پلا کر توانا رکھنے کی بڑی صلاحیت دکھائی دیتی ہے۔ اس طرح وینس عورت اور ماں کے فرائض کا مثالی نمونہ بن جاتی ہے اور اسی وجہ سے وہ ایک بڑا فن پارہ ہے لیکن جوئس کے نزدیک یہ احساسات جمالیات کی طرف نہیں لے جاتے بلکہ علم اصلاح نسل کی طرف۔ وینس ہمیں صرف اس وجہ سے پسند آتی ہے کہ اس میں حسن اور آہنگ ہے۔

جوئس کا یہ بیان بنیادی طور پر بہت صحیح اور کم سے کم مفید ضرور ہے مگر اس نے انتہا

پسندی کی بھی حد کر دی ہے۔ شاید کوئی فوق الانسان ہوا ہو جس نے ایسا فن پارہ پیش کیا ہو یا جس کا ردعمل اتنا جچا تلا ہو۔ کم سے کم میرے اندر تو فن پارہ ضرور حرکت پیدا کرتا ہے۔ حالاں کہ یہ حرکت وہ نہیں ہوتی جو فحش یا اخلاقیات سے پیدا ہوتی۔ خود جوئس کے یہاں کافی نفرت اور بیزاری پائی جاتی ہے اور میرین بلوم کا کردار کسی طرح ترغیب سے خالی نہیں اور لارنس کے یہاں ترغیب کے کیا معنی، وہ تو جنسی تعلقات کے ایک عنصر کا پرچار کرتا ہی ہے، اگر کسی جگہ صحت مند مباشرت کی ترغیب پائی جائے تو میں اسے فحاشی کہنے کے لیے تیار نہیں ہوں۔ آپ فوراً اعتراض کریں گے کہ پھر تو شاید کوک شاستر بھی ادب بن گیا۔ لیکن یہاں میں فحش کو آرٹ ثابت کرنے پر اپنا زور قلم صرف نہیں کر رہا ہوں بلکہ صرف آرٹ کو فحش سمجھے جانے سے بچانا چاہتا ہوں۔

سوال دراصل ترغیب کا نہیں بلکہ آرٹ اور غیر آرٹ کا۔ غیر آرٹ کے لیے ایک نام تجویز کرتا ہوں، جذباتیت۔ یہ جذباتیت کسی طرح کی بھی ہو سکتی ہے۔ نفس پرستی، انقلاب پرستی، اخلاق پرستی، ساری گڑبڑ یہاں سے چلتی ہے کہ عموماً فن پارے کو بڑی سادہ چیز سمجھا جاتا ہے اور اس کی پیچیدگی کو نظر انداز کر دیا جاتا ہے۔ ہم اس کے صرف ایک رخ، ایک احساس کو لے لیتے ہیں اور اسی کو سارا فن پارہ سمجھتے ہیں اور اسی غلط فہمی پر اپنے فیصلے کی بنیاد رکھتے ہیں۔ یہیں سے جذباتیت شروع ہوتی ہے۔ اگر یہ جذباتیت فن کار میں ہو تو وہ سرے سے فن پارہ پیدا کر ہی نہیں سکے گا، اسے اخلاقی وعظ بنا دے گا یا فحش۔ اور جب یہ جذباتیت پڑھنے والے یا دیکھنے والے میں ہو تو وہ اچھے خاصے فن پارے کو توڑ مروڑ کر غیر آرٹ بنا دیتی ہے مثال کے طور پر اصلاح ادب کانفرنس۔

اس الجھن کا ایک مخرج اور بھی ہے۔ ہماری تنقید کے نزدیک آرٹ نام ہے اپنے جذبات کے اظہار اور اسے دوسروں تک پہنچانے کا۔ یہ سن کر ہربرٹ ریڈ سے تو اپنا قہقہہ

نہیں رک سکا لیکن مجھ میں ابھی اس سے انکار کی جرأت نہیں پیدا ہوئی۔ بہر حال آرٹ کوئی انجکشن کی پچکاری نہیں ہے جس کے ذریعے سے نئے نئے جذبے ہمارے اندر داخل کیے جاتے ہوں۔ زیادہ بک بک کیوں کروں، آپ ارسطو کا "کیتھارسز" والا نظریہ جانتے ہیں۔ آرٹ میں ایک جلابی کیفیت ہوتی ہے جو ہمارے جذبات سے زوائد کو خارج کر کے ہمارے اندر توازن اور سکون قائم کرتی ہے۔ جذباتیت اور آرٹ میں یہی فرق ہے۔ دونوں ہمارے گھٹے ہوئے جذبات کو راستہ دیتے ہیں لیکن جذباتیت میں روک نہیں ہوتی۔ وہ جذبات پر کوئی حد نہیں قائم کر سکتی۔ آرٹ جذبات کی حد بندی کرتا ہے، ان کی تنظیم کرتا ہے اور انھیں ایک خاص نقش کی شکل میں ترتیب دیتا ہے۔ ٹیشین کی برہنہ تصویر دیکھنے کے بعد ہم بازار میں کود کر راستہ چلتی عورتوں کے کپڑے پھاڑنا نہیں شروع کر دیتے بلکہ اپنے جنسی جذبات میں ایک بہتر توازن اور ارتقا پاتے ہیں۔ شاید فحش سے پہلا والا اثر پیدا ہوتا ہے۔ اگر آرٹ ہمارے اندر کوئی جذبہ پیدا کرتا ہے تو وہ بقول ہربرٹ ریڈ، تحیر کا جذبہ ہے۔ اگر آرٹ صحیح قسم کا ہے اور پڑھنے والا اس سے کوئی غلط نتیجہ مرتب کرتا ہے یا اس کے اندر فاسد مادہ بھڑک اٹھتا ہے تو اس کے لیے اس فن پارے کو ملزم نہیں گردانا جا سکتا۔ آرٹ شہوت پرستی یا دنیا کے گناہوں پر زار و قطار رونا یا لال جھنڈا لے کر دو دو گز اونچے اچھلنے لگنا نہیں سکھاتا بلکہ حسن، ترتیب اور آہنگ کو تحیر کی نظروں سے دیکھنا۔

اگر موجودہ ادب میں فحش موجود ہے تو اسے ہوّا بنانے کی کوئی معقول وجہ نہیں۔ اگر آپ لوگوں کو فحش کی مضرتوں سے بچانا چاہتے ہیں تو انھیں یہ سمجھنے کا موقع دیجیے کہ کیا چیز آرٹ ہے اور کیا نہیں ہے اور آرٹ کیوں فحش، اخلاقیات، سیاست اور اقتصادیات سے بہتر اور بلند تر ہے۔ جو شخص آرٹ کے مزے سے واقف ہو جائے گا، اس کے لیے فحش اپنے آپ پھسپھسا ہو کر رہ جائے گا۔ کم سے کم اپنی ذہنی تندرستی کے دوران میں تو وہ

فحش کو چھونا بھی نہیں چاہے گا۔ سب سے نفیس پہچان فحش اور آرٹ کی یہی ہے کہ فحش سے دوبارہ وہی لطف نہیں لے سکتے جو پہلی مرتبہ حاصل کیا تھا۔ آرٹ ہر مرتبہ نیا لطف دیتا ہے۔ اس توازن اور ارتفاع کی مثال کے طور پر مجھے فراق صاحب کا شعر یاد آتا ہے۔

ملے دیر تک ساتھ سو بھی چکے
بہت وقت ہے آؤ باتیں کریں

اردو کی جنسی شاعری میں بہت کم ایسے شعر ہوں گے جن میں یہ معصومیت، یہ ذہنی لطافت، آرٹ کا یہ تحیر پایا جاتا ہو۔ میں اس شعر کو دہرانے سے کبھی نہیں تھک سکتا۔

فن کا تناسب بذات خود ایسی چیز ہے جو گندی سے گندی بات کو بے ضرر بنا دیتا ہے اور فنون میں یہ تناسب لکیروں، رنگوں وغیرہ کی شکل میں ظاہر ہوتا ہے۔ ادب میں بیانیہ انداز کے لوازمات بھی اس کی ایک قسم ہیں، مثلاً شیخ سعدی کا مشہور مصرعہ، "ہمیں بہ جملۂ اول عصائے شیخ بخفت" اور پھر قہقہہ تو بڑی سے بڑی غلاظت کو دھو دیتا ہے اور عقل؟ ایسے لوگوں کے نام یاد کیجیے جن کی عقل واقعی خوف ناک قسم کی تھی اور پھر یہ غور کیجیے کہ انھوں نے کتنی عریانی برتی ہے۔ دو چار نام تو مجھ سے سنیے۔ رابیلے، چوسر، شیکسپیئر، سوئفٹ، والٹیر، جوئس۔

نئی شاعری

یہ شکایت بہت عام ہے کہ نئی شاعری میں گھناؤنی اور نفرت انگیز چیزوں کا ذکر ہوتا ہے۔ "مداوا" میں ایک صاحب نے کلیہ قائم کیا ہے کہ گندی چیزوں کے ذکر اور شاعری کا میل نہیں ہو سکتا۔ حالاں کہ اسی مضمون میں آپ پہلے کہہ آئے ہیں کہ شاعر موضوع کے انتخاب میں بالکل آزاد ہے۔ نئے شاعروں کی رہنمائی کے لیے جن شاعروں کا نام لیا گیا ہے، ان میں شیکسپیئر کا نام بھی شامل ہے۔ اس لیے میں فرض کرتا ہوں کہ اسے آپ بڑا شاعر سمجھتے ہیں، گو یہ تو یقینی ہے کہ آج سے آپ اس سے نفرت کرنے لگیں گے۔ شیکسپیئر کا دستور ہے کہ وہ ہر ڈرامے کی تشبیہات اور استعارات اور تصورات کا ایک خاص نقشہ بنا لیتا ہے جو ڈرامے کی فضا سے ہم آہنگ ہوتا ہے۔ تو جناب شیکسپیئر نے ایک ڈرامہ لکھا ہے، جس کا نام ہے "ہیملیٹ"۔ اور اس ڈرامے کو عموماً شیکسپیئر کی سب سے بڑی تصنیف سمجھا جاتا ہے۔ لیکن شیکسپیئر کی کور ذوقی ملاحظہ ہو کہ اس سب سے بڑی تصنیف کے تصورات کا نقشہ مشتمل ہے پھوڑے، پھنسیوں اور پیپ وغیرہ پر، اس ایک ڈرامے میں وہ ان چیزوں کی تمام ممکنہ قسمیں گنوا چکا ہے۔ اسی طرح "اوتھیلو" میں استعارے لیے گئے ہیں، گھناؤنے اور نفرت انگیز جانوروں سے۔ آرٹ میں کوئی چیز ویسی نہیں رہتی جیسی وہ زندگی میں ہے، آرٹ اس کی ماہیت تبدیل کر دیتا ہے۔ یہاں روزمرہ کی زندگی کا اچھا اور برا نہیں دیکھا جاتا بلکہ بجا اور بے جا استعمال۔ گندگی کے خلاف ایک کلیہ نہ قائم کیجیے بلکہ انفرادی طور پر اس کا استعمال دیکھیے اور مجھے یقین ہے کہ آپ بھی "پیپ بہتی ہوئی گلتے ہوئے ناسوروں سے" کو بے محل نہیں بتا سکتے۔

یادش بخیر، فحش اور عریانی !اس کی شکایتیں تو مدت سے ہو رہی ہیں لیکن آپ نے ابھی تک نہیں بتایا کہ آپ کس چیز کو فحش سمجھتے ہیں ؟ نظم نقل کر کے اس کی نیچے "فحش" لکھ دینے سے تو کام نہیں چلتا۔ فحش کی تعریف تو کیجیے۔ اپنی طرف سے تو میں فحش کی تعریف پہلے بھی کر چکا ہوں اور اب پھر دہراتا ہوں۔ میں اصل میں کسی لفظ کو بذات خود فحش نہیں سمجھتا، صرف اس کا استعمال اسے فحش یا غیر فحش بناتا ہے۔ لیکن آپ حضرات کو تو محض مخالفت منظور ہے، اس لیے مجھے یقین ہے کہ آپ "وہ گئی" کو بھی فحش کہیں گے۔ آپ نئے شاعروں پر سطحی دل و دماغ رکھنے کا الزام لگاتے ہیں مگر آپ خود نئی شاعری کو سطحی طور پر پڑھتے ہیں، جبھی تو آپ اس میں عورت پرستی اور شباب پرستی دیکھتے ہیں اور "کھاؤ پیو، مگن رہو "کا نظریہ نئے شاعروں کے سر مڑھے دے رہے ہیں...

بہر حال اب میں آپ کے سامنے نئے شاعروں کی عورت پرستی کی مثال پیش کروں گا۔ فیض کی نفس پرستی ملاحظہ ہو، محبوب سے کہتے ہیں ع

اب بھی دلکش ہے ترا حسن مگر کیا کیجیے

محبت کے دکھوں اور راحتوں کے علاوہ اور بھی سکھ دیکھ رہے ہیں۔ محبوب کو پہلی سی محبت بھی نہیں دے سکتے۔ منھ پھٹ اور دریدہ دہن کہ اس سے صاف کہے دے رہے ہیں

:

تو اگر میری ہو بھی جائے
دنیا کے غم یوں ہی رہیں گے

توبہ توبہ، کیسی گھناؤنی خواہشیں ہیں کہ وصل کی آرزو میں نہیں مرتے بلکہ محبوبہ سے اخلاقی سبق سیکھنا چاہتے ہیں۔

عاجزی سیکھی غریبوں کی حمایت سیکھی

یاس و حرماں کے دکھ درد کے معنی سیکھے
زیر دستوں کے مصائب کو سمجھنا سیکھا
سرد آہوں کے رخ زرد کے معنی سیکھے

راشد کی آلودگیاں دیکھیے۔ محبوبہ کی بانہوں میں بڑے آرام سے پڑے رہنے کے بجائے اٹھ اٹھ کر بھاگ رہے ہیں۔ خونخوار درندوں کے غول سے وطن کو بچانا چاہتے ہیں۔ کیا ہولناک ہوس کاری ہے کہ بستر کی لذتوں سے جان چھڑا کر بیچاری محبوبہ کو مفلسوں، بیماروں کے ہجوم دکھا رہے ہیں۔ اسے لے کر سرزمین عجم جانا چاہتے ہیں، جہاں خیر و شر، یزداں و اہرمن کا فرق مٹ گیا ہو۔ اس پر یہ ظلم ڈھاتے ہیں کہ۔

مجھے آغوش میں لے
دو 'انا' مل کے جہاں سوز بنیں
اور جس عہد کی ہے تجھ کو دعاؤں میں تلاش
آپ ہی آپ ہویدا ہو جائے

یہ جذبی ہیں، طوائف سے جنسی آسودگی حاصل کر کے واپس نہیں چلے آتے بلکہ اس کی پست نگاہی کا گلہ کرنے بیٹھ جاتے ہیں۔ اوروں کو چھوڑیے، بیچارا مخمور تک نفس پرستی کو پسند نہیں کرتا بلکہ "لہو کی جوانیاں" میں تو اس کا انداز بڑا واعظانہ ہے۔ فرق کی بوالہوسی بھی دیکھنے کی چیز ہے۔

ملے دیر تک ساتھ سو بھی لیے
بہت وقت ہے آؤ باتیں کریں

وصل سے بھی ان کی پیاس نہیں بجھتی، جنسی جذبے کو احساس رفاقت میں تبدیل کرنا چاہتے ہیں۔ یہ ہے نئے شاعروں کی عورت پرستی جس پر جتنی لعنتیں بھی بھیجی جائیں

کم ہیں۔

نئی شاعری کی بنیاد جنسی الجھنوں پر بتانے والے یہ بھول جاتے ہیں کہ وہ کون سا اردو شاعر ہے جس کی شاعری اسی بنیاد پر قائم نہ ہو۔ اس سے بھی بڑھ کر یہ کہ ہر شاعری خواہ وہ متصوفانہ ہو یا عارفانہ ہی کیوں نہ ہو، جنسی جذبے کی ارتقاع پائی ہوئی شکل ہوتی ہے لیکن بغیر ارتفاع کے بھی جنسی الجھنیں اچھی سے اچھی شاعری کا موضوع بنتی رہی ہیں۔ شاعری اندرونی تصادم اور کشمکش سے پیدا ہوتی ہے اور یہ کشمکش جتنی تیز اور تند ہو گی، اتنا ہی شعریت کا رنگ نکھرے گا۔ نئی شاعری میں صرف و محض ہوس کاری نہیں ہے بلکہ ہر جگہ ایک شدید کشمکش کے نشان ملتے ہیں اور یہ شدت بعض اوقات زیادہ صاف الفاظ استعمال کرنے پر مجبور کرتی ہے۔ یہ جنسی الجھنیں صرف اردو کے شاعروں ہی تک محدود نہیں ہیں بلکہ عالم گیر ہیں۔ ہمارے شاعروں میں احساس اور اعتقاد کا تصادم ہو رہا ہے، خواہشات اور روایات کا، نئے علم اور پرانی قدروں کا، جنسیات اور اقتصادیات کا۔

ایک طرف پرانی روایات ہیں جو پاک اور غیر جسمانی محبت پر زور دیتی ہیں۔ دوسری طرف شاعر کی جنسی خواہشیں ہیں، نئی نفسیات ہے جو پاک محبت کا بڑا بے رحمانہ تجزیہ کرتی ہے جس کے نزدیک محبت دائمی نہیں بلکہ وقتی جذبہ ہے۔ نیا شاعر ان دو اصولوں کے درمیان لٹکا ہوا ہے اور ان میں سے کسی کو بھی چھوڑنے پر راضی نہیں ہوتا۔ مثالیں راشد کے یہاں دیکھیے۔

یہ مل رہی ہے مرے ضبط کی سزا مجھ کو\
کہ ایک زہر سے لب ریز ہے شباب مرا\
گناہ ایک بھی اب تک کیا نہ کیوں میں نے

یا دوسری جگہ۔

وقت کے اس مختصر لمحے کو دیکھ
تو اگر چاہے تو یہ بھی جاوداں ہو جائے گا
مطمئن باتوں سے ہو سکتا ہے کون
روح کی سنگین تاریکی کو دھو سکتا ہے کون
تیسری جگہ راشد نے ان دونوں اصولوں میں سمجھوتے کی کوشش کی ہے ۔
میں جو سرمست نہنگوں کی طرح
اپنے جذبات کی شوریدہ سری سے مجبور
مضطرب رہتا ہوں مدہوشی و عشرت کے لیے
اور تری سادہ پرستش کے بجائے
مرتا ہوں تیری ہم آغوشی کی لذت کے لیے
میرے جذبات کو تو پھر بھی حقارت سے نہ دیکھ
اور مرے عشق سے مایوس نہ ہو
کہ مرا عہد وفا ہے ابدی

بالکل یہی کشمکش اور شاعروں کے یہاں موجود ہے۔ آپ اسے نظر انداز کر جاتے ہیں جو شاعری کی روح ہے اور صرف لفظ پڑھ پڑھ کر اس شاعری کو فحش کہنے لگتے ہیں۔ حال ہی میں ایک صاحب نے مطالبہ کیا ہے کہ اگر موجودہ جنسی اقدار مصنوعی ہیں تو شاعروں کے پاس جنسیات کی نئی اقدار کیا ہیں؟ لیکن نئے شاعر کسی عریانی کے کلب کا اعلان نامہ تو مرتب نہیں کر رہے ہیں۔ یہ ٹھیک ہے کہ ان نظموں میں بعض پابندیوں سے بیزاری اور بعض آزادیوں کی پسندیدگی کا اظہار ملتا ہے لیکن وہ چیز جو شاعری کے لیے فائدہ مند ہے، دو قسم کی قدروں کا تصادم ہے نہ کہ نئی قدروں کی مجوزہ فہرست

ایک نیا جنسی عنصر ہماری دنیا میں پیدا ہوا ہے جس کا بہترین اظہار ڈی۔ ایچ۔ لارنس نے کیا ہے اور جس کی ہمارے یہاں ابھی صرف پر چھائیاں بھی ملتی ہیں۔ یہ ہے خود پرستی اور جنسی جبلتوں کی لڑائی۔ پہلی جبلتوں کا تقاضہ ہے کہ اپنی انفرادیت کو سب سے الگ اور نادر الوجود بنائے رکھا جائے لیکن جنسی خواہش دوسرے فرد سے ملنے پر مجبور کرتی ہے اور یہ مجبوری انفرادیت کے پرستار کو فطرت کا ظلم معلوم ہوتی ہے۔ وہ جنسی جذبے کو اپنے لیے ایک صلیب سمجھنے لگتا ہے۔ جنسیت سے یہ ڈر اور نفرت لارنس کے یہاں جس عریانی کے ساتھ ظاہر ہوئی ہے، اگر اس کا شائبہ بھی اردو میں پایا جائے تو شاید آپ کتابیں جلانے لگیں لیکن ہم لارنس کی اس عریانی کو کسی طرح بھی فحش نہیں کہہ سکتے، کیوں کہ اس کے اظہار کے لیے یہ عریانی ضروری ہے۔

سب سے بڑی چیز جو نئی نسل کو جنس پر اتنی توجہ صرف کرنے پر مجبور کرتی ہے، وہ ایسی چیزوں اور ایسے اصولوں کی کمی ہے جن پر اپنے جذبات خرچ کیے جا سکیں۔ اس ماحول میں جس سے نئی نسل اپنے آپ کو ہم آہنگ نہیں پاتی، جب اسے اپنے جذبات کی آسودگی کا سامان نہیں ملتا، تو وہ زائد جذبے جنس کی طرف ڈھلک جاتے ہیں۔ اس ماحول سے ہم آہنگی تو الگ، نیا شاعر تو اسے اپنے دشمن کی حیثیت سے دیکھتا ہے۔ چونکہ وہ اس کا مقابلہ کرنے کی طاقت اپنے اندر نہیں پاتا، اس لیے لازمی طور پر اپنے احساس شکست کو جنسی جذبے میں چھپا دینا چاہتا ہے اور صاف صاف اس کا اقرار بھی کر لیتا ہے۔

زندگی پر میں جھپٹ سکتا نہیں
جسم سے تیرے لپٹ سکتا تو ہوں

یہی مجروح اور شکست خوردہ ذہنیت جب اپنے ملک کے لیے کچھ نہیں کر سکتی تو اجنبی عورت کے جسم سے انتقام لینا شروع کر دیتی ہے۔ آپ لوگوں نے اس نظم "انتقام"

پر راشد کو بہت طعنے دیے ہیں لیکن وہ غریب تو خود اپنے آپ کو طعنہ دے رہا ہے، خود اپنے اوپر استہزا کر رہا ہے۔ آپ اس کا لہجہ نہ سمجھیں تو وہ کیا کرے۔ یہ نظم جنسی نہیں ہے جیسا کہ آپ سمجھے ہیں، بلکہ سیاسی اور اخلاقی۔ ایسی نظموں میں راشد اپنی گھناؤنی خواہشوں کا اظہار نہیں کرتا بلکہ قوت ارادی اور "جینے کی خواہش" کی کمزوریوں اور بیماریوں کا تجزیہ۔ محض عشرت پسندی اور تن آسانی اور "کھاؤ پیو، مگن رہو" والا نظریہ آپ کو کسی نئے شاعر میں نہیں مل سکتا۔ ہر شاعر کی آواز دکھی ہوئی اور چوٹ کھائی ہوئی ہے۔ صرف لفظوں پر غور نہ کیجیے بلکہ روح سمجھیے۔ کبھی آپ نے یہ بھی سوچا ہے کہ نئے شاعر کو اپنی "ہوس کاری" میں سکون بھی ملتا ہے یا نہیں، یا پھر بھی اس کے اندر اسی طرح خلائیں پھیلتی رہتی ہیں۔ جن نظموں کو آپ فحش بتا رہے ہیں، انھیں پھر سے پڑھیے "بے کراں رات کے سناٹے میں"، اس نظم کا شاعر اپنے آپ کو جنسی لذت میں ڈبو دینے پر مجبور ہے لیکن ساتھ ہی وہ اس سے ہچکچا بھی رہا ہے۔ جنس سے لذت لینے کے لیے اسے ایک قصہ گھڑنا پڑتا ہے کہ اس کی محبوبہ "جو شاید بیوی ہے" کسی ساحل کی دوشیزہ ہے اور وہ خود اس کے دشمن ملک کا تھا ہوا سپاہی ہے اور ہم آغوشی سے اپنی تھکن کا بدلہ لینا چاہتا ہے۔ اس افسانے کا جادو چلتا تو ہے لیکن تھکن، پیاس، غیر آمادگی، گراں باری کے اثرات پھر بھی قائم رہتے ہیں۔

نیند آغاز زمستاں کے پرندے کی طرح
خوف دل میں کسی موہوم شکاری کا لیے
اپنے پر تولتی ہے چیختی ہے

آرزوئیں ترے سینے کے کہستانوں میں

ظلم سہتے ہوئے حبشی کی طرح رینگتی ہیں

در حقیقت یہ وہ کیفیت ہے جب "زنا" سے زیادہ آسان اور آرام دہ تو خودکشی نظر آتی ہے۔

میراجی اس بے لطفی اور بے رنگی کے احساس میں دو ہاتھ اور آگے ہیں۔ وہ محبوبہ کے قریب پہنچنے سے پہلے ہی اداس ہو جاتے ہیں اور سوچنے لگتے ہیں کہ آخر ایسا کیا فرق پڑ جائے گا؟ یہ ہے نئے شاعروں کا تعیش۔ ان آلودگیوں کی اور مثالیں بھی دوں گا۔ یہ تاثیر ہیں جو حسینوں کی بانہوں میں حصار عافیت ڈھونڈنے والے کوشہ دے رہے ہیں۔

تمناؤں میں الجھاتا رہے گا دل کو تو کب تک
کھلونے دے کے بہلاتا رہے گا دل کو تو کب تک
ہوس کی ظلمتیں چھائی ہوئی ہیں تیری دنیا پر

یہ وشوامتر عادل جو ہیں، اپنی جنسی فتح پر خوشی کے نعرے لگا رہے ہیں۔

مری تڑپتی ہوئی روح پھڑپھڑاتی ہے
نحیف زیست سے عاری ہے پر بھی ٹوٹے ہوئے
مگر یہ رینگتے لمحوں کی چیونٹیاں چپ چاپ
لپٹ لپٹ کے اسے بار بار چومتی ہیں

یہ اخترالایمان ہیں، نیند سے پہلے مزے لے لے کر اپنی گھناؤنی خواہشیں بیان کر رہے ہیں۔

اشک بہہ جائیں گے آثار سحر سے پہلے
خون ہو جائیں گے ارمان اثر سے پہلے
سرد پڑ جائے گی بجھتی ہوئی آنکھوں کی پکار

گرد برسوں کی چھپادے گی مرا جسم نزار
جاگتے جاگتے تھک جاؤں گا سو جاؤں گا

آپ اس حزن و ملال کو کیوں نہیں دیکھتے، سب سے پہلے آپ کی نظریں عریانی پر کیوں پڑتی ہیں؟ اس وجہ سے کہ آپ خود شاعری نہیں کرسکتے، لیکن اگر واقعی خلوص کے ساتھ آپ اس انداز بیان کو پسند نہیں کرتے تو ان شاعروں کی الجھنیں دور کرنے میں مدد کیجیے۔ ان کے ساتھ مل کر دنیا کو بدلیے۔ اس پر خوب یاد آیا۔ ایک صاحب فرماتے ہیں کہ اگر یہ شاعری بدلے ہوئے حالات نے پیدا کی ہے تو اسے دیکھ کر بدلے ہوئے حالات سے بھی نفرت ہو جاتی ہے۔ جی، ہم اور کیا چاہتے ہیں؟ جادو سر پر چڑھ کے بولا۔ جب ہم اس سماجی ماحول سے آپ کو نفرت دلانے میں کامیاب ہو گئے تو پھر آپ نے ہمارا نقطۂ نظر قبول کر لیا۔ خیر، کم سے کم آپ ناانصافی تو نہ کریں اور اور اس روحانی تشنج کو ہوس کاری کا نام تو نہ دیں۔ لیکن یہ بھی یاد رکھیے کہ جب وقت آئے گا تو طربیہ شاعری بھی یہی آپ کے خادم کریں گے۔ آپ کے بس کا یہ روگ بھی نہیں ہے۔

کہاں ہر ایک سے بار نشاط اٹھا ہے
بلائیں یہ بھی محبت کے سر گئی ہوں گی

لیکن اگر چند ایسے چھوٹے موٹے شاعر موجود ہیں جو محض جنسی لفظوں کے بل پر شاعری کرنا چاہتے ہیں تو ان سے اس قدر گھبرا جانے کی کیا وجہ ہے؟ اور پھر اس قدر گھبرا جانا کہ سرکاری وزیروں کے پاس وفد لے کر جا رہے ہیں، بسورتے ہوئے کو "ہمیں چھیڑا"...نئے شاعروں پر بگڑتے وقت تو آپ بھی ملٹن کے شعر نقل کرتے ہیں۔ لیکن جب آپ اسے اتنا بڑا شاعر مانتے ہیں تو اپنے آپ اس سے سبق کیوں نہیں لیتے؟ کبھی اس کی "ایروپیجٹیکا" (Areopagitica) تو کھول کر دیکھیے کہ وہ کتابوں پر پابندیوں کا کتنا

مخالف تھا۔ ملٹن کی بنیادی دلیل ہی یہ تھی کہ ہر شخص کو انتخاب کی آزادی ہونی چاہیے۔ بلکہ بری کتابیں پڑھے بغیر اچھی کتابوں کی تمیز ممکن ہی نہیں۔ اگر آپ کسی نظم کو فحش سمجھتے ہیں تو وجہ بتائیے، اس پر بحث کیجیے۔ اگر آپ نے ثابت کر دیا کہ اس نظم میں شاعری نہیں ہے تو چلیے قصہ ختم ہوا۔ کوئی اسے پڑھے گا ہی نہیں اور وہ اپنے آپ مر جائے گی۔ جتنا وقت آپ گلا پھاڑ پھاڑ کر چیخنے میں صرف کرتے ہیں، اگر اسے آپ لوگوں کا ذوق بلند کرنے میں لگائیں تو فحش پنپ ہی نہیں سکتا۔ لیکن جنس کے اظہار پر پابندیاں اور تعزیریں عائد کرنے کا نتیجہ ہمیشہ عریانی کی چوگنی ترقی ہوتا ہے۔ کروموپل کے زمانے میں ڈرامے کو مخرب اخلاق سمجھ کر اسٹیج کو قانوناً بند کر دیا گیا۔ دس سال کے بعد جب پابندیاں ہٹیں اور تھیٹر کھلے تو جو مواد، اس دوران میں پکتا رہا تھا، اس زور سے ابلا کہ ہر ڈرامہ نگار نے زناکاری کو اپنا موضوع بنا لیا۔ لیکن اگر آپ واقعی خلوص کے ساتھ چند پابندیاں ضروری سمجھتے ہیں تو کھوئی کھوئی باتیں نہ کیجیے، فحش کی واضح تعریف بتائیے اور اس کی روشنی میں نئے شاعروں کی بد عنوانیاں گنوائیے۔ معلوم نہیں غالب آپ کے نزدیک قابل استناد ہے یا نہیں، لیکن آپ کے معلومات کے لیے فحش کی وہ تعریف سناتا ہوں جو انھوں نے تیغ تیز میں مہیا کی ہے۔ اصل عبارت تو میرے سامنے موجود نہیں ہے لیکن اس کا مفہوم یہ ہے کہ فحش صرف اس وقت پیدا ہوتا ہے جب اعضائے تناسل کا ذکر ہو یا کسی کی ماں، بیٹی یا جورو پُنی جائے۔ اس تعریف کو معیار بنا کر جانچیے تو کسی نئے شاعر کا ایک مصرعہ بھی گرفت نہیں آسکتا۔ اگر میراجی نے اعضائے تناسل کا ذکر کیا ہے تو ایسے چکر دار طریقے سے کہ بعض وقت آپ حضرات انھیں اہمال کا مجرم گردانے لگتے ہیں۔ ایک طرف تو آپ کہتے ہیں کہ جنسیات کو خوب پردوں میں ڈھکا چھپا کر محفل میں لاؤ، جب آپ کے ارشاد کی تعمیل ہوتی ہے تو آپ پھر بگڑتے ہیں کہ اس کپڑوں کی پوٹلی میں ہمیں

کچھ نظر ہی نہیں آتا۔

اس فحاشی والے اعتراض کا دم چھلہ یہ الزام ہے کہ نئی شاعری اخلاقی قدروں کے لیے تباہ کن ہے۔ نئے شاعروں کے سامنے واقعی ترقی کا کوئی بلند مقصد نہیں ہے اور ایک نظم بھی ایسی نہیں ملتی جس سے سماج کی خدمت انجام دی جا سکتی ہو۔ پہلے تو یہ بتائیے کہ آپ حضرات جو شاعری کرتے ہیں، اس سے سماج کی کیا خدمت ہوتی ہے، یا کچھ دن گذرے پارسی دوشیزاؤں اور رقاصاؤں کو دیکھ کر نیاز فتح پوری صاحب ریشہ خطمی ہوا کرتے تھے، ان کی تمام رقت کون سی اخلاقی عمارت کے لیے گارے کا کام دے رہی ہے؟ پھر جب آپ خود قبول چکے کہ شعر میں آپ رنگینی اور مکروہات دنیوی کے بھلانے کا سامان چاہتے ہیں تو یہ دوشیزہ (لفظ دوشیزہ کی چیختی فحاشی پر نظر رکھیے) کی ننگی باہیں دیکھ کر "سی سی" کرتے ہیں۔ نیا شاعر اجنبی عورت کے بستر پر اپنے ذہن کو دلدل بنا لینا چاہتا ہے۔ چلیے، دونوں برابر۔ آپ کا اعتراض ٹھیٹ ریاکاری بلکہ نیا شاعر آپ سے اس طرح اخلاقی حیثیت سے بلند ہے کہ ذرا سی ہونٹوں کی سرخی آپ کو ایسا مست کر دیتی ہے جیسے دونوں جہان کی دولت مل گئی ہو۔ اور نیا شاعر ہم آغوشی، بلکہ لذت اندوزی کے دوران میں بھی اعتراف کر لیتا ہے کہ شہوانیت محض ایک ریگ زار ہے۔

لیکن اگر آپ کو اخلاقی تنقید سے ایسا ہی پیار ہے تو مجھے بھی کوئی عذر نہیں ہے بلکہ میرے سب سے محبوب نقادوں میں سے ایک ارونگ بینٹ ہے جس نے اخلاقیات کی لکڑی سے پچھلے ڈیڑھ سو سال کے ادب کو ایسا دھنا ہے کہ ادھ موا ہی کر کے چھوڑا ہے لیکن اسے کیا کیا جائے کہ آپ کے نزدیک اخلاقیات کا مفہوم صرف اتنا ہے کہ کس عورت کے ساتھ سویا جا سکتا ہے اور کس کے ساتھ نہیں۔ عیسوی اخلاق کے انکسار، یونانیوں کے تصور عدل اور ہندوؤں کے عقیدے سے روح کائنات سے ہم آہنگی کا تو آپ

نے نام بھی نہیں سنا معلوم ہوتا۔ اور نہ آپ اس حقیقت سے باخبر ہیں کہ روحانی دنیا میں کوئی چیز بے کار نہیں جاتی اور زندگی کا ہر تجربہ ایک اخلاقی قوت ہوتا ہے۔ دوبارہ سوچیے کہ آپ ایسی نسل کی شاعری کو اخلاق کے منافی کہہ رہے ہیں، جس نے نئی اخلاقی اقدار دریافت کرنے کا بارگراں اٹھایا ہے جو بڑے سے بڑا اجرأت طلب تجربہ کرنے سے بھی نہیں گھبراتی، جو اپنی تمام ہزیمت خوردگی، تشکک اور ذہنی بحران کے باوجود زندگی پر کچھ ایسا بھروسہ کرتی معلوم ہوتی ہے کہ منفی عناصر سے بھی مثبت فوائد کا پھل لینے کی امید کرتی ہے۔

غبار راہ کے اشارے سنبھال لیتے ہیں
افق کے دھندلے کنارے سنبھال لیتے ہیں
سنا ہے ٹوٹتے تارے سنبھال لیتے ہیں
بس ایک بار سہی ڈگمگا کے دیکھ تو لوں

یہ وہ نسل ہے جو اپنے ستواں جسم کو رقاصاؤں کے بازوؤں کی پھڑک پر پگھلا پگھلا کر ختم نہیں کر دینا چاہتی بلکہ جسم و زباں کی موت سے پہلے سچ کی حمایت میں بولنا چاہتی ہے۔ جو محبوبہ سے ذاتی نفسانی خواہشات کی تکمیل کے بجائے ایک جہاں سوز "انا" کی تشکیل کی آرزومند ہے۔

کیوں نہ جہان غم اپنا لیں
بعد میں سب تدبیریں سوچیں
بعد میں سکھ کے سپنے دیکھیں
سپنوں کی تعبیریں سوچیں

نیا شاعر جب زندگی سے بھاگ کر عورت کے سینے میں پناہ لیتا ہے تو اپنے فرار کو

خوب صورت ناموں کے پیچھے نہیں چھپاتا۔ ساتھ ہی اس کی کشش کا مرکز ہمیشہ نسائی جسم کے نشیب و فراز بھی نہیں ہوتے۔

ایک سودا ہی سہی آرزوئے خام سہی
ایک بار اور محبت کر لوں
ایک انسان سے الفت کر لوں

نہ وہ زندگی کے مظاہرے سے اتنا ڈرتا ہے کہ ان جانے اور ان دیکھے ہوئے کے خوف کے مارے روایتی اخلاقیات کے بند کمرے سے قدم باہر نہ نکالے۔ وہ اہرمن سے اس کے تہہ خانے میں ملاقات کرنے پر آمادہ ہے۔ نئے شاعروں کا دل گردہ دیکھیے۔

یا اتر جاؤں گا میں پاس کے ویرانوں میں
اور تباہی کے نہاں خانوں میں
تا کہ ہو جائے مہیا آخر
آخر حد تنزل ہی کی ایک دید مجھے

اور یہ خوش نصیبی داد کی مستحق ہے کہ تباہی کے نہاں خانوں میں بھی وہ "نور کی منزل آغاز" کی ایک جھلک دیکھ پانے سے ناامید نہیں ہوتا۔ اور کچھ نہیں تو اس کی تسلی کے لیے یہی بہت کافی ہو گا کہ اپنی جرأت پرواز کا اندازہ ہو جائے۔

اب میں ایسے موضوعات پر شعر پیش کروں گا جو سو فی صدی جنسی ہیں اور ایک ایسے شاعر کے، جو آپ کے خیال میں اپنے آپ تو ڈبوئے گا ہی مگر اوروں کو بھی لے ڈوبے گا۔ میراجی نے جو تخریبات جنسی کا درس دینے کے لیے مدرسہ کھول رکھا ہے، میں آپ کو وہاں لے چلتا ہوں۔ یہ حضرت روز نت نئی عورت چاہتے ہیں اور کسی ایک کا ہو کر رہنے کا جھنجھٹ اپنے ذمے نہیں لیتے۔ وہ اس پر فخر کریں تو کریں لیکن ان کی سب سے

بڑی حرام کاری تو یہ ہے کہ جنسی لذت کی چسکیاں نہیں لیتے رہے بلکہ زندگی کے انقلابات انسان کی فطرت اور نظام کائنات کے متعلق سوچنے لگتے ہیں اور حیرت میں ڈوب جاتے ہیں۔

اور چاند چھپا تارے سوئے طوفان مٹا ہر بات گئی
دل بھول گیا پہلی پوجا من مندر کی مورت ٹوٹی
دن لایا باتیں انجانی پھر دن بھی نیا اور رات نئی
پیتم بھی نئی پریمی بھی نیا سکھ سیج نئی ہر بات نئی
اک پل کو آئی نگاہوں میں جھلمل جھلمل کرتی پہلی
سندرتا اور پھر بھول گئے
ہم اس دنیا کے مسافر ہیں
اور قافلہ ہے ہر آن رواں
ہر بستی ہر جنگل صحرا اور روپ منوہر پربت کا
ایک لمحہ من کو لبھائے گا ایک لمحہ نظر میں آئے گا

ممکن ہے کہ آپ یا میں اس جنسی اخلاق کو قبول نہ کریں لیکن ہمارے سامنے شادی کے مسئلے پر برٹرینڈ رسل کی کتاب تو ہے نہیں، ایک نظم ہے، اور اسی حیثیت سے ہم اس پر غور کریں گے۔ شاعرانہ تخیل یہی تو کرتا ہے تاکہ کسی مخصوص جذبے کو عالم گیر زندگی کے پس منظر میں رکھ کر دیکھے اور یہی اخلاقیات کا عمل ہے۔ ایک احساس یا فعل کو پورے نظام زندگی میں جگہ دینا۔ یہی اس نظم میں کیا گیا ہے۔ بلکہ جب ہم یہ نظم ختم کرتے ہیں تو ہم آزاد محبت کے حسن و قبح پر بحث نہیں کر رہے ہوتے۔ یہ نظم ہمارے ذہن میں نظام زندگی پر تحیر کا جذبہ اور ایک ہلکی سی افسردگی چھوڑ جاتی ہے۔ اس نظم کی

ٹھسک سے پھوٹ بہنے کا ڈر کسی کچ پیندیے ہی کو ہو سکتا ہے۔ انفرادی، عارضی، وقتی بلکہ معمولی سے جنسی جذبے تک کو فوراً کائناتی زندگی سے متعلق کر لینا میراجی کی خصوصیت ہے جو غالباً وشنو شاعری کے اثر سے ان میں پیدا ہوئی ہے، مثال دیکھیے۔

آج اشنان کیا گوری نے (آج بھلا کیوں نہائی؟)
یہ سنگار چال مایا کا اس نے کس سے نبھائی

اگر میں آپ کو یہ خبر سناؤں کہ میراجی نے اپنے پہلے جنسی اتصال کے متعلق ایک نظم لکھی ہے تو آپ اس کے سوا اور کچھ تصور ہی نہیں کر سکیں گے کہ انھوں نے اپنی کار کردگی کی داستان بڑے چٹخارے لے لے کر بیان کی ہو گی۔ لیکن یہ جان کر آپ مایوس ہوں گے کہ دوسری لائن ہی میں وہ انسانی زندگی پر خیال کی حکمرانی کی طرف بھٹک جاتے ہیں۔

اب کچھ نہ رہا مٹی میں ملا جو دھن تھا پاس وہ دور ہوا
وہ دھن بھی دھیان کی موج ہی تھی مچلی ابھری ڈوبی کھوئی

پھر اسی واردات سے میراجی کو اپنے گذشتہ زندگی پر ایک نظر ڈالنے کی تحریک ہوتی ہے۔ غور کیجیے گا کہ اتنی غمگین آواز کسی شہوت پرست یا عیاش طبع کی نہیں ہو سکتی۔

یہ دنیا ایک شکاری تھی کیا جال بچھایا تھا اس نے
دو روز میں ہم نے جان لیا سکھ اور کا ہے اور دکھ اپنا
سنجوگ کے دن گنتی میں نہیں اور پریم کی راتیں ہیں سپنا

اور میراجی کیسے ہوس کاری کے نشے میں چور اونچے مکان کی طرف گئے تھے، وہ بھی سن لیجیے۔

یہ دنیا ایک بیوپاری تھی کیسا بہکایا تھا اس نے

من جال میں پھنس کر جب تڑپا جھنجھلا اٹھا جھنجھلا اٹھا

اس مہم میں کامیاب ہونے کی خوشی تو درکنار، میر اجی تو اپنی پاکیزگی زائل ہو جانے کے رنج کو چوٹ کی طرح لیے بیٹھے ہیں ع

وہ پہلی اچھوتی سندر تا نیند آ ہی گئی اس کو سوئی

اسی طرح کر رہے ہیں نئے شاعر اخلاق و شرافت کا ستیاناس۔ یہ تو صرف ایسی مثالیں تھیں جن کے معنی صاف ظاہر ہیں لیکن نئے شاعروں کی آواز میں جس نئی انسانیت کی گونج اور ان کے لب و لہجے میں جس نئی اخلاقیات کے قدموں کی آہٹیں سنائی دے رہی ہیں، کیا اس تصور کو واضح تر کرنا، اس خواب سیمیں کو مرئی بنانا، نوعی ترقی کی خدمت نہیں ہے ؟ کیا اس سے زیادہ نرم مزاج، زیادہ توانا، زیادہ رچے ہوئے اخلاق کی بنیادیں استوار نہیں ہو رہی ہیں ؟ لیکن ہمارا مسلک خود فریبی یا عالم فریبی نہیں ہے۔ ہم اپنی کمزوریوں کو ہنر وری نہیں سمجھتے۔ ہمارے اندر جو اخلاقی تضاد اور تصادم ہیں، ہمیں اچھی طرح ان کا احساس ہے۔ لیکن کا وہی حل کار آمد ہو سکتا ہے جو خود ہمارے اندر پیدا ہوا ہو، آپ کا بخشا ہوا نہیں۔ جب آپ "انتقام" یا "گناہ" جیسی نظم کو مردود قرار دیتے ہیں تو آپ صرف ظاہر پرستی کر رہے ہوتے ہیں۔ نئی نسل کی حیرانی، جھنجھلاہٹ، افتادگی اور اذیت پسندی کو متہم کرتے وقت ایک نئے شاعر کا یہ شعر یاد رکھیے جس میں بذات خود نئی اخلاقیات کی رعنائیاں جھلملا رہی ہیں۔

پاؤں کی تھر تھری نہ دیکھ، دیکھ یہ نالۂ جرس
راہ گذار عشق میں چھوٹتی ہمتیں نہ دیکھ

ایک بات اور ملحوظ رہے۔ عیسوی، یونانی یا ہندو اخلاقیات کے نقطۂ نظر سے جتنی کمزوریاں آپ نئے شاعر میں ڈھونڈ سکیں گے، ان میں سے کئی خود اقبال کے یہاں بھی

ملیں گی، کیوں کہ "شاعر مشرق" کو کسی طرح یورپ کی رومانی تحریک سے الگ نہیں کیا جا سکتا۔

شاعری اور اخلاقیات کے تعلق پر بھی ایک نظر ڈالتے چلیں تو اچھا ہے۔ اس بحث کے دو پہلو ہو سکتے ہیں جن کے کلاسیکی نمائندے افلاطون اور ارسطو ہیں۔ نئی اردو شاعری تو پھر بھی چھوٹی چیز ہے، افلاطون ہر شاعری کو بنفسہ اخلاق دشمن سمجھتا تھا۔ اسے ڈر تھا کہ شاعری سے جذبات میں اتنا ہیجان پیدا ہوتا ہے جس سے طبیعت کا اعتدال قائم نہیں رہ سکتا۔ اس لیے اس نے اپنی مثالی ریاست سے شاعروں کو بصد تکریم رخصت کر دینے کا ارادہ کر لیا تھا۔ اس کے برخلاف ارسطو کی تخیل پسندی نے ادب کے متعلق ایسا قطعی فیصلہ نہیں کیا۔ اس کی رائے ہے کہ شاعری جذبات میں تہلکہ مچا دینے والا ہیجان پیدا نہیں کرتی بلکہ رکے ہوئے جذبات کو راہ دیتی ہے اور زوائد خارج کر کے دوبارہ استدلال قائم کرتی ہے اور یہی رائے ہے جدید نفسیات کا۔

لیکن افلاطون کا انجام عبرت ناک ہے۔ حضرت بڑے دور اندیش اور پیش بین بن کر چلے تھے، لیکن خود جناب ہی کا فلسفہ آج تک جذبات میں ہیجان پیدا کر رہا ہے اور اکثر رنگین مزاجوں کا ملجا و ماویٰ بن رہا ہے نہ کہ سوفوکلیز اور یوری پائیڈز کی شاعری۔ تو جب تک شاعری کو شاعری سمجھ کر پڑھا جاتا ہے اور اسے اخلاقیات کا بدل نہیں سمجھا جاتا، اس سے نقصان پہنچنے کا احتمال نہیں۔ لیکن جہاں شاعر نے اپنی حیثیت سے غیر مطمئن ہو کر شاعری سے زیادہ عارف، فلسفی، سیاسی یا مذہبی پیشوا، مصلح، معلم اخلاق، قانون ساز یا پیغمبر ہونے کا دعویٰ کیا اور لوگوں نے اس کا مطالبہ منظور کر لیا تو پھر شاعری تو خیر خطرے میں پڑی سو پڑی، ہیئت اجتماعی کو بھی ڈرنا چاہیے کہ بھرے بازار میں مست ہاتھی گھس آیا۔ اگر شاعر اخلاقیات کے پرچار کو شاعری سے اونچا درجہ دے دے تو پیغمبری تو شاید

وہ کرلے مگر شاعری اس کے بس کی نہیں رہتی۔ شاعری کا مقصد نہ تو قوموں کو زندہ کرنا ہے (ممکن ہے اس کا یہ اثر بھی ہوتا ہو)، نہ نالیوں کی صفائی نہ چکلوں کا اشتہار دینا، بلکہ ایک بڑا حقیر سا... ملارمے کے الفاظ میں to evoke objects، اسی کو الیٹ نے کہا ہے to present actuality... ظاہر ہے کہ اس مفہوم میں وہ روحانی اور نفسیاتی تجربے بھی شامل ہیں جو تجربہ کرنے والے کے لیے واقعی ٹھوس چیزوں کی طرح ہوتے ہیں۔ ڈرتے ڈرتے میں اسی مفہوم کے لیے صوفیوں کی اصطلاح "حال" پیش کروں گا۔ اخلاقی درس قال ہوتا ہے اور شاعری حال۔ شعر میں 'جو ہونا چاہیے' نہیں ہوتا بلکہ 'جو ہو چکا' امر متوقع نہیں امر واقع۔ اسی وجہ سے میں دعویٰ کرتا ہوں کہ کوئی شاعری جو اس نام کی مستحق ہے، اخلاق سے باہر نہیں ہوتی۔ یہ تو تھا شعر پڑھنے کا پہلا درجہ، دوسرے درجے میں ہم اس مخصوص شعر کے اخلاقی مزاج سے بھی بحث کرسکتے ہیں۔ اسے اچھا یا برا بھی کہہ سکتے ہیں۔ اس مزاج کو اپنے اخلاقی نظام میں اونچی یا نیچی جگہ بھی دے سکتے ہیں، کیوں کہ ہر وقت شعر کو شعر کی حیثیت سے پڑھنے کی قدرت نہیں رکھتے لیکن دوسرے درجے کو پہلے رکھنا ہمیں ہمیشہ بہکا دے گا۔ اس مخصوص مزاج کی جگہ اپنے اخلاقی نظام میں کیسے ڈھونڈیں، یہ بھی عرض کیے دیتا ہوں۔ شعر میں، جیسا میں نے کہا، امر متوقع نہیں ہوتا بلکہ امر واقع۔ اس لیے شعر اخلاقی لائحۂ عمل نہیں ہو گا بلکہ اخلاقی دستاویز جس کو آپ اپنی طرح استعمال کر سکتے ہیں۔ ایک بے ڈھنگی سی مثال دوں گا۔ شعر تو ایک اینٹ ہے جسے گھر کی دیوار میں بھی لگا سکتے ہیں اور چاہیں تو راستہ چلتوں کا سر بھی پھوڑ سکتے ہیں اور اپنا بھی۔ وہی نظمیں جو آپ کو خطرناک طور پر فحش معلوم ہوتی ہیں، قومی تعمیر کے کام میں مدد دے سکتی ہیں، بشرطیکہ آپ انھیں استعمال کر سکیں۔ ایزرا پاؤنڈ کو اس سلسلے میں بڑی کار آمد تشبیہ سوجھی ہے۔ وہ کہتے ہیں کہ شاعر تو خطرے کی گھنٹی ہے۔ وہ آپ کو آگاہ کر

سکتا ہے کہ آگ لگ رہی ہے لیکن اسے آپ آگ بجھانے والا انجن بننے پر مجبور نہیں کر سکتے۔ لیکن ہمارے مداوائی دوستوں کو تو ضد ہے کہ گھنٹی میں ہی سے پانی ابل پڑے، ورنہ جلتا رہے تو جلا کرے۔ ہم تو ہاتھ پیر ہلانے والے ہیں نہیں۔ غرض یہ کہ شاعری کی اخلاقی قدر و قیمت کو افعال کی حیثیت سے نہ جانچیے بلکہ اشعار کی حیثیت سے۔ شعروں میں خواہ مخواہ اوپر سے اخلاقیات ٹھونسنے کے متعلق میری بات نہ مانیے بلکہ گوئٹے کی رائے سنیے، جسے اب سے پہلے تک نہ صرف بہت بڑا شاعر بلکہ فلسفی، معلم اخلاق اور عارف سمجھا جاتا رہا ہے۔

وہ کہتا ہے کہ ادب میں دو قسم کے جعل ساز ہوتے ہیں۔ ایک تو وہ جو فنی پہلوؤں کو غیر ضروری سمجھ کر صرف روحانیت یا خیالات کے بھروسے پر شاعری کرنا چاہتے ہیں۔ دوسرے وہ جو صرف ایک خوب صورت ساڈھانچا بنا کر مطمئن ہو جاتے ہیں۔ دوسرا گروہ صرف اپنے آپ کو نقصان پہنچاتا ہے اور پہلا آرٹ کو۔ لیکن اگر آپ شعر پڑھتے وقت ذہنی توازن قائم نہیں رکھ سکتے اور چھوت سے گھبراتے ہیں تو پھر یہی ہو سکتا ہے کہ آپ اس نصیحت پر عمل کریں: "تو نہ جا تیرا کورا پنڈا ہے۔"

لڑکیوں کا اخلاق درست رکھنے کی فکر بھی ایک مستحسن جذبہ ہے لیکن جب تک جنسی تعلیم کا انتظام نہیں ہوتا، ان کے لیے ہر چیز اشتعال انگیز بن سکتی ہے۔ میرے مشاہدے میں تو یہ آیا ہے کہ جنسی لذت کا سبق لڑکیاں "بہشتی زیور" سے سیکھتی ہیں بلکہ نئی شاعری ایک طرح جنسی بے راہ روی کو روکنے میں معاون ہو سکتی ہے کیوں کہ وہ محبت کے جنسی پہلو پر پردہ نہیں ڈالتی بلکہ ہم آغوشی کی آرزو پہلے ہوتی ہے، عہد وفا کے ابدی ہونے کا وعدہ بعد میں۔ ہاں، آپ حضرات کی تکنیک اس سے مختلف ہے۔ آپ افلاطونی محبت کی ٹٹی کے پیچھے سے شکار کھیلتے ہیں۔ حملہ کرنے سے پہلے دھواں پھیلاتے ہیں۔ نیا شاعر تو پہلے ہی سے جتا دیتا

ہے کہ محبوبہ کو کیا کھونا اور کیا پانا ہے۔ بہر حال اگر کنوئیں میں گرنا ہی ٹھہرا تو آنکھوں پر پٹی باندھ کر گرنے سے بہتر آنکھیں کھول کر گرنا ہے۔ اور جب آنکھیں کھلی ہوں تو آدمی مشکل سے گرنے پر رضامند ہوتا ہے۔

***

عصر حاضر کے چند دلچسپ افسانے

سب کی کہانی ایک ہے

مرتب : اعجاز عبید

بین الاقوامی ایڈیشن منظر عام پر آچکا ہے